EPICTETO

A ARTE DE VIVER

A SABEDORIA DO ESTOICISMO
PARA VIVER MELHOR

The Enchiridion (1948)
Tradução © 2023 by Book One
Todos os direitos de tradução reservados e protegidos pela Lei 9.610 de 19/02/1998. Nenhuma parte desta publicação, sem autorização prévia por escrito da editora, poderá ser reproduzida ou transmitida sejam quais forem os meios empregados: eletrônicos, mecânicos, fotográficos, gravação ou quaisquer outros.

Tradução	*Lina Machado*
Preparação	*Rafael Bisoffi*
Revisão	*Silvia Yumi FK*
Arte	*Tainá Fabrin*
Capa	*Francine C. Silva*
Projeto gráfico e diagramação	*Renato Klisman*
	Bárbara Rodrigues
Impressão	*COAN Gráfica*

Dados Internacionais de Catalogação na Publicação (CIP)
Angélica Ilacqua CRB-8/7057

E54a	Epicteto
	A arte de viver : a sabedoria do estoicismo para viver melhor / Epicteto ; tradução de Lina Machado. — São Paulo : Excelsior, 2023.
	112 p.
	ISBN 978-65-85849-08-1
	Título original: *The Enchiridion*
	1. Filosofia 2. Estóicos I. Título II. Machado, Lina
23-5638	CDD 813

EPICTETO

A ARTE DE VIVER

A SABEDORIA DO ESTOICISMO PARA VIVER MELHOR

São Paulo
2023

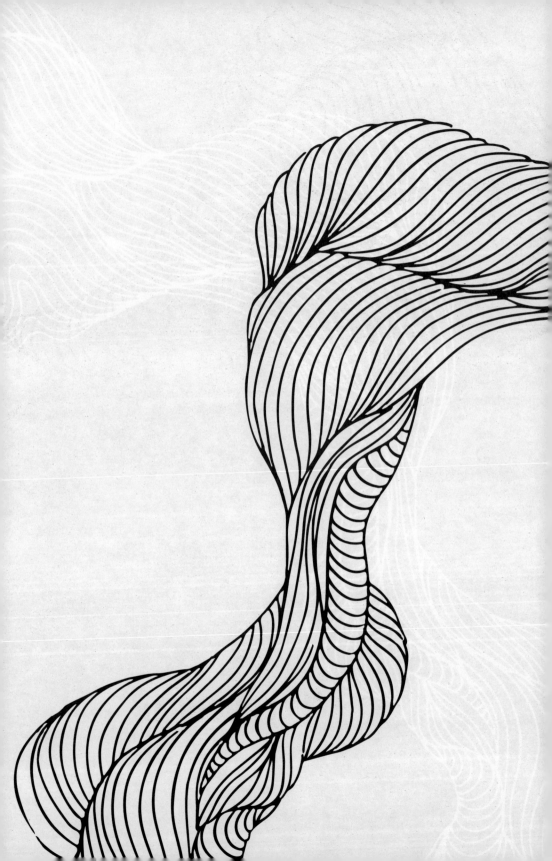

Introdução

Introdução

O pequeno livro de Epicteto chamado *A arte de viver*, ou "manual", desempenhou papel desproporcionalmente importante no surgimento das atitudes e da filosofia moderna. Assim que foi traduzido para as línguas vernáculas, tornou-se um sucesso de vendas entre intelectuais independentes, pensadores anticristãos e filósofos de inclinação subjetiva. Montaigne tinha uma cópia do *A arte de viver* entre seus livros. Pascal rejeitou violentamente o orgulho megalomaníaco do filósofo estoico. Frederico, o Grande, levava o livro consigo em todas as campanhas. Foi fonte de inspiração e encorajamento para Anthony, conde de Shaftesbury, durante a grave doença que culminou em sua morte; diversas páginas de seus diários contêm passagens copiadas de *A arte de viver*. Foi estudado e amplamente citado por filósofos escoceses como Francis Hutcheson, Adam Smith e Adam Ferguson, que valorizavam a filosofia moral estoica por sua conciliação entre a dependência social e a independência pessoal.

Introdução

Haver um ressurgimento do estoicismo nos séculos de renascimento que marcaram o desenvolvimento da era moderna não foi mero acaso. As condições filosóficas, morais e sociais da época se uniram para ocasioná-lo. O estoicismo romano desenvolvera-se em períodos de despotismo como uma filosofia de almas solitárias e corajosas, que haviam reconhecido o poder redentor da razão filosófica em todos os propósitos morais e sociais da vida. A filosofia como modo de vida liberta as pessoas. É o último recurso de liberdade em um mundo de servidão. Muitos elementos na nova era conduziram a um pensamento que tinha afinidade estrutural com o estoicismo romano. Os tempos modernos criaram o pensador independente, o intelectual livre em uma civilização secular. Os tempos modernos destruíram as liberdades medievais e estabeleceram o novo despotismo do Estado absolutista apoiado pela autoridade eclesiástica. As filosofias modernas continuaram

Introdução

a tendência básica do estoicismo de fazer da consciência subjetiva o fundamento da filosofia. A ênfase estoica nos problemas morais também era atraente em uma era de rápida transição, quando todos os valores que antes eram tidos como certos estavam sendo questionados e reconsiderados.

Embora seja interessante observar quão variados foram os efeitos produzidos por este pequeno volume, este epítome do sistema estoico de filosofia moral, tais efeitos parecem ainda mais notáveis quando consideramos que não se pretendia que fosse um tratado filosófico sobre o estoicismo para estudantes. Era, antes, um guia para o pupilo avançado do estoicismo, indicando-lhe os melhores caminhos rumo ao objetivo de se tornar um verdadeiro filósofo. Dessa forma, Epicteto e seu *A arte de viver* ocupam uma posição única no estoicismo romano. Sêneca e Marco Aurélio escolheram a filosofia estoica como o sistema mais adequado para expressar seus problemas existenciais de independência, solidão e história. Nessa empreitada, Sêneca deu grandes passos em direção às descobertas da psicologia social como um subproduto de sua consciência da decadência (nisto estava mais próximo de Nietzsche), porém, sua principal preocupação não era a unidade do sistema estoico. Marco Aurélio transformou a doutrina filosófica no regime do governante solitário. Em contraste com ambos, Epicteto ensinava a filosofia estoica como uma doutrina e um estilo de vida. *A arte de viver* é um resumo do estoicismo teórico e aplicado.

Epicteto era filho de uma mulher escravizada, nascido entre 50 e 60 d.C. em Hierópolis, na Frígia. Não sabemos como foi para Roma. Ele estava lá como escravo de um dos ilustres libertos de Nero, que trabalhava como secretário do Imperador. Enquanto ainda servia, Epicteto estudou com Musônio Rufo, o célebre filósofo estoico, que ficou impressionado com a personalidade sincera e dinâmica do jovem escravo

Introdução

e treinou-o para ser um filósofo estoico. Epicteto tornou-se livre e começou a ensinar filosofia nas ruas, no mercado, mas não obteve sucesso. Durante o governo de Domiciano, Epicteto, junto com muitos outros filósofos, foi exilado de Roma, provavelmente entre 89 e 92 d.C. Ele foi para Nicópolis, atravessando Áccio em Épiro, onde dirigiu a própria escola. Ele era tão bem visto e estimado que estabeleceu a reputação do lugar como a cidade da escola de Epicteto. Alunos vinham de Atenas e Roma para assistir às suas aulas. Cidadãos comuns vinham pedir seu conselho e orientação. Alguns de seus aprendizes voltaram para casa para seguir as carreiras tradicionais às quais eram socialmente obrigados. Outros adotaram o modo de vida filosófico para escapar para a esfera da liberdade estoica.

Entre os alunos havia um jovem romano, Flávio Arriano, que estudou em Nicópolis quando Epicteto já estava velho. Flávio, nascido em 108 d.C., era um dos íntimos de

Introdução

Adriano, que o tornou cônsul em 130 d.C. Provavelmente, ele estudou com Epicteto entre os anos 123 e 126 d.C. As conversas filosóficas informais que Epicteto mantinha com seus alunos o fascinavam. É desnecessário dizer que também havia cursos sistemáticos no campo da filosofia. Contudo, foram os discursos informais que convenceram Arriano de que ele havia finalmente encontrado um Sócrates estoico, ou um Diógenes estoico, que não estava apenas ensinando uma doutrina, mas também vivendo a verdade. Arriano registrou muitas das palestras e conversas informais de Epicteto com seus alunos íntimos. Ele as anotou de forma abreviada para não perder a inefável vivacidade, graça e inteligência do estimado professor. Arriano retirou-se para a vida privada após a morte de Adriano em 138 d.C. e dedicou-se à sua obra literária. Publicou suas anotações dos ensinamentos de Epicteto sob o título de *Discursos em quatro livros*. *A arte de viver*, que também foi organizado por Arriano, é um

Introdução

breve resumo das ideias básicas da filosofia estoica e uma introdução às técnicas necessárias para transformar a filosofia estoica em um estilo de vida.

Assim, não temos nenhum escrito original de Epicteto. Tal como G. H. Mead recentemente, dedicou-se por completo aos problemas humanos e intelectuais de seus aprendizes. Deixou nas mãos deles preservarem o que consideravam ser a mensagem duradoura do mestre. Em contraste com Sêneca e Marco Aurélio, Epicteto não tinha uma abordagem subjetiva das doutrinas estoicas. A filosofia moral era o centro de seu ensino, e a epistemologia era apenas instrumental. É até possível dizer que ele encarava a física ou a cosmologia muito levianamente. Caso isso seja aceito, devemos admitir que é completamente absorvido pelos fundamentos do pensamento estoico conforme apresentado em *A arte de viver*. A personalidade de Epicteto está totalmente integrada ao ato de raciocinar que estabelece conformidade com a natureza.

Uma notável diferença entre os *Discursos* e o *A arte de viver* deve ser mencionada. Os *Discursos* são uma imagem viva do professor em ação; apresentam o processo de filosofar, não o produto acabado. Apresentam o moralista entusiástico e sóbrio, realista e emocionado, em perspectivas que mudam constantemente, determinadas pelos diversos alunos com suas várias preocupações, problemas e questionamentos; os ensinamentos e as formulações dele fazem referência direta às diversas situações da vida em que os alunos devem aplicar e praticar o ensinamento estoico do mestre. Nenhuma situação humana é omitida; como guia de conduta, a filosofia é relevante para todos. Quer os alunos tenham de participar de um jantar, quer estejam entre concorrentes num estádio ou numa piscina, quer tenham de se apresentar em um tribunal ou para um serviço público, quer estejam na companhia de suas mães e irmãs ou de amigas, em todas as situações humanas, o filósofo sabe o conselho correto para o aprendiz filosófico. Desse modo, nos *Discursos*, Arriano apresenta a individualidade única do filósofo e de seu método moral aplicado no contato vivo com vários alunos em situações concretas. Epicteto, como professor, antecipa métodos educacionais bastante modernos em sua consideração pela estrutura das situações e pelas perspectivas mutáveis nas relações humanas.

Nada parecido com isso é revelado em *A arte de viver*. Não se encontra mais o filósofo estoico como espírito vivo. O que resta é o espírito vivo do estoicismo. *A arte de viver* é um manual para o oficial de combate. Essa analogia deve ser levada a sério. Os estoicos romanos cunharam a fórmula: *Vivere militare!* (A vida é ser um soldado). O estudante de filosofia é um soldado raso, o estoico que avança é um suboficial, e o filósofo é o oficial de combate. Por esta razão, todos os

Introdução

estoicos romanos aplicam metáforas e imagens derivadas da vida militar. Estudantes aprendizes do estoicismo são descritos como mensageiros, como batedores de Deus, como representantes da natureza divina. O aluno avançado que está próximo do objetivo de ser um filósofo tem o posto de oficial. Já é capaz de estabelecer liberdade interior e independência. Compreende a verdade estoica básica da consciência subjetiva, que é distinguir o que está sob nosso controle do que não está sob nosso controle. Não estão sob nosso controle todos os elementos que constituem nosso ambiente, tais como riqueza, saúde, reputação, prestígio social, poder, a vida daqueles que amamos e a morte. Sob nosso controle estão nossos pensamentos, nossas intenções, nossos desejos e nossas decisões. Estes permitem que nos controlemos e façamos de nós mesmos elementos e partes do universo da natureza. Esse conhecimento de nós mesmos nos torna livres em um mundo de dependências. Essa superioridade

INTRODUÇÃO

de nossas capacidades nos permite viver em conformidade com a natureza. A filosofia racional de controle do Eu e de ajuste ao Todo implica um ascetismo da vida emocional e sensível. O filósofo deve examinar e controlar suas paixões, seu amor, sua ternura em todos os momentos, para estar sempre preparado para o inevitável momento da despedida. Os estoicos praticavam um jesuitismo *avant la lettre*. Foram capazes de viver no mundo como se não habitassem nele. Para o estoico, a vida é um acampamento militar, uma peça no teatro, um banquete para o qual somos convidados. *A arte de viver* indicava de forma breve as técnicas que o filósofo deveria aplicar para representar bem os diversos papéis que Deus poderia atribuir àqueles a quem ama: os filósofos estoicos. Desde as regras de conduta social até as recomendações de ascetismo sexual antes do casamento e o método do verdadeiro pensamento, o estoico avançado encontrará todos os princípios de perfeição e todos os preceitos para pôr em prática os princípios filosóficos em sua conduta neste pequeno volume.

Assim, *A arte de viver* foi libertadora para todos os intelectuais que aprenderam, por meio dele, que existem caminhos filosóficos de autorredenção. Desde então, o pensador secular podia sentir-se jubiloso, porque não necessitava de uma graça divina. Epicteto havia lhe ensinado que a razão filosófica poderia libertá-lo e que ele era capaz de se redimir por meio de um bom raciocínio.

Nas distinções estoicas entre personalidade e mundo, eu e meu, consciência subjetiva e mundo dos objetos, liberdade e dependência, encontramos implícitos os elementos básicos das filosofias modernas do racionalismo e do idealismo objetivo ou panteísmo. Por esta razão, há um renascimento contínuo do estoicismo de Descartes, Grotius e o bispo Butler, a Montesquieu, Adam Smith e Kant. Nesse longo desenvolvimento nos tempos modernos, o minúsculo *A arte de viver* de Epicteto desempenhou um papel notável.

Introdução

As traduções de Epicteto e de todos os outros estoicos tiveram maior efeito sobre filósofos, teólogos e pensadores leigos. Foram estudadas por clérigos das diversas denominações cristãs, por cientistas que lutavam por uma religião natural e por filósofos independentes que desejavam separar a filosofia da religião. Houve vários bispos proeminentes nas Igrejas Católica e Anglicana ávidos para transformar as tradições do estoicismo romano em estoicismo cristão. Entre as denominações calvinistas, houve diversos pensadores que simpatizavam com os princípios morais estoicos devido a seus elogios à vida austera e ao controle das paixões. Da mesma forma, os adeptos da religião natural propagavam o estoicismo como padrão ideal de religião universalmente válida e compreensível. O estoicismo renascente desempenhou três funções na ascensão do mundo moderno. Primeiro, reconciliou as tradições cristãs com as filosofias racionalistas modernas; em segundo

Introdução

lugar, estabeleceu um padrão ideal de religião natural; e, em terceiro lugar, abriu caminho para a autonomia da moral.

ALBERT SALOMON
The New School for Social Research
Julho de 1948

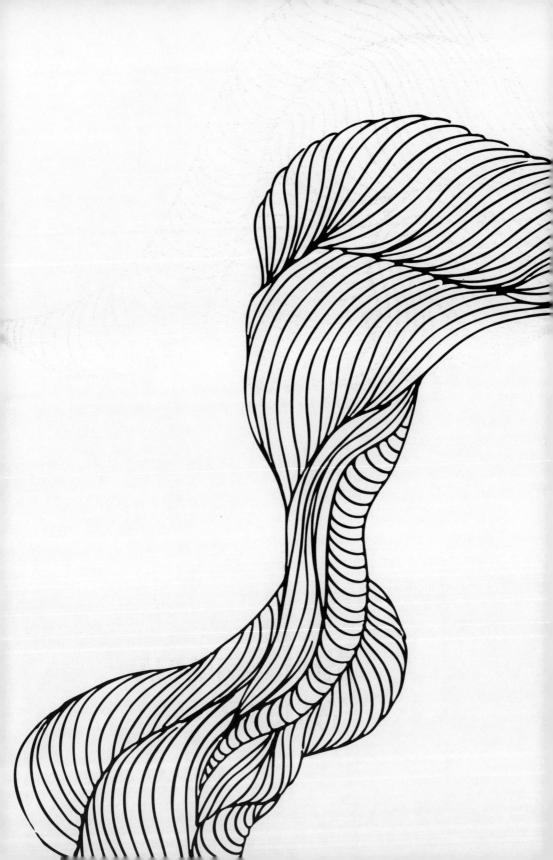

Bibliografia Selecionada

ARNIM, Hans V., "Epictetos" in Pauli-Wissowa (ed), *Real-Encyclopaedie der classischen Altertumswissenschaft*, 6, col. 126-131.

ARNOLD, E. V.; "Epictetus" in Hastings, *Encyclopedia of Religion and Ethics*, 1912. v. 5, p. 323-324.

BONHOEFFER, A., *Epiktet und die Stoa*. Stuttgart, 1890.

—, *Ethik des Stoikers Epiktet. Stuttgart, 1894*.

—, *Epiktet und das Neue Testament. Giessen, 1911*.

BRUNS, Ivo, *De schola Epicteti*. Quiel, 1897.

BULTMANN, Rudolf. "Das religiöse Moment in der ethischen Unterweisung des Epiktets und das Neue Testament"; *Zeitschrift für die neutestamentliche Wissenschaft und die Kunde des Urchristentums*; *v. 13, 1912; p. 97-110; 177-191*.

COLARDEAU, Th., *Etude sur Epictète*. Paris, 1903.

HARTMANN, K. "Arrian und Epiktet", *Neue Jahrbücher für das klassische Altertum;* v. 15, 1905.

JAGU, Amand, *Epictète et Platon*. Paris, 1944.

LAGRANGE, M. J. "La philosophie religieuse d'Epictète et le Christianisme", *Revue Biblique;* v. 9, 1912; p. 5-21, 192-212.

OLDFATHER, W. A., "Introduction" to *Epictetus*, Loeb Classics, v. 1.

SOUILHÉ, J., "Introduction" to *Entretiens*. Paris, 1943.

WEBER, Louis, "La morale d'Epictète et les besoins présents de l'enseignment moral," *Revue de Métaphysique et de Morale*, 1905, p. 830-858; 1906, p. 342-360; 1907, p. 327-347; 1909, p. 203-326.

Principais obras sobre estoicismo e questões relacionadas

ARNOLD, E. V., Roman Stoicism. Cambridge, E., *1911.*

BEVAN, E., *Stoics and Sceptics.* Oxford, 1913.

BROCHARD, V., *Etudes de philosophie ancienne et de philosophie moderne*, Paris, 1912.

HICKS, R. D., *Stoic and Epicurean.* Nova York, 1910.

MARTHA, C., Les moralistes sur l'Empire Romain. Paris, *1886.*

MURRAY, Gilbert, *Stoic, Christian, Humanist.* Londres, 1940.

ROBIN, L., *La morale antique.* Paris, 1938, p. 57, 130, 152, 167.

WENDLAND, Paul, Philo e die cynisch-stoische Diatribe. Berlim, *1895.*

—, *Die hellenistische Kultur in ihren Beziehungen zum Judentum und Christentum.* Tubinga, *1912.*

ZANTA, L., La renaissance du Stoicisme au XVIième siècle. Paris, *1914.*

ZELLER, E., *The Stoics, Epicureans, and Sceptics*. Londres, 1892.

Influência do Estoicismo

BUSSON, Henry, *La pensée religieuse Française de Charron à Pascal*. Paris, 1933. Cap. 8: Stoiciens et Epicuriens, p. 379-429.

DILTHEY, Wilhelm, *Gesammelte Werke*, v. 2. "Einfluss der Stoa auf die Ausbildung des natürlichen Systems der Geisteswissenschaften", p. 153-162; "Anthropologie, Stoa und natürliches System im XVII. Jahrhundert", p. 439-457.

GROETHUYSEN, Bernard, *Philosophische Anthropologie*. Munique, 1928. (Cap. "Die römisch-griechische Lebensphilosophie").

RAND, B., *The Life, Letters, etc. of Anthony, Earl of Shaftesbury*. Londres, 1900.

SAUNDERS, Jason L., *Justus Lipsius. The Philosophy of Renaissance Stoicism*. Nova York, 1955.

WENLEY, R. M., *Stoicism and Its Influence*. Nova York, 1927.

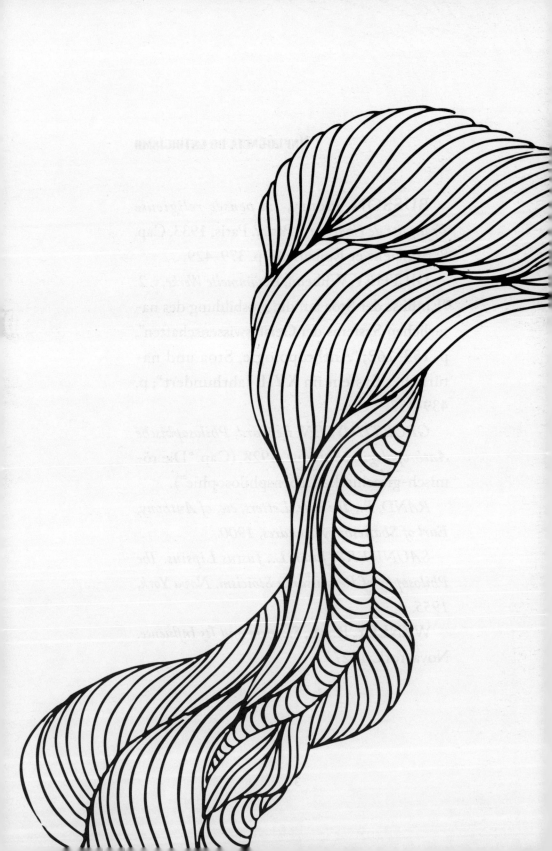

A ARTE DE VIVER

1

Há coisas que estão sob nosso controle e coisas que estão fora de nosso controle. Sob nosso controle estão a opinião, o propósito, o desejo, a aversão e, resumindo, quaisquer questões que sejam apenas nossas. Fora de nosso controle estão o corpo, o patrimônio, a reputação, os cargos públicos e, resumindo, tudo o que não é de fato da nossa conta.

Ora, as coisas que estão sob nosso controle são por natureza livres, irrestritas, desimpedidas; mas as que estão fora de nosso controle são fracas, dependentes, restritas, alheias. Lembre-se, portanto, de que, caso considere livres as coisas que são dependentes por natureza e o que pertence a outros como seu, você vai encontrar impedimentos, lamentará, ficará perturbado, terá críticas tanto aos deuses quanto aos homens. Mas caso considere seu apenas o que lhe pertence e veja o que pertence aos outros exatamente como de fato é, ninguém jamais vai compeli-lo, ninguém o restringirá; não terá críticas a ninguém, não acusará ninguém, não fará nada contra a própria vontade; ninguém vai machucá-lo, não terá inimigo, nem sofrerá mal algum.

Visando, portanto, coisas tão grandiosas, lembre-se de que não deve se permitir nenhuma inclinação, por menor que seja, à obtenção das outras; mas que deve abandonar totalmente algumas delas e, por algum tempo, adiar o restante. Mas, se desejar obtê-las, e também possuir poder e riqueza, arrisca perder estas últimas ao buscar as primeiras; e com certeza vai falhar naquilo por meio do qual somente a felicidade e a liberdade são obtidas.

Desse modo, procure ser capaz de dizer prontamente a todo arremedo desagradável: "É apenas uma ilusão e de forma alguma a coisa real". E, em seguida, examine-o segundo as regras que tem; e em primeiro lugar e em especial segundo esta: se faz parte das coisas que estão sob nosso controle ou das que não estão; e se for algo além de nosso controle, esteja preparado para dizer que não lhe importa em nada.

2

Lembre-se de que o desejo exige a obtenção daquilo que se deseja; e que a aversão exige evitar aquilo a que se é avesso; que aquele que falha no objeto de seus desejos fica desapontado; e aquele que incorre no objeto de sua aversão sente-se infeliz. Se, dessa forma, você evitar apenas as coisas indesejáveis que é capaz de controlar, nunca incorrerá em nada que deseja evitar; mas caso tente evitar a doença, a morte ou a pobreza, correrá o risco de cair na miséria. Desse modo, remova [o hábito da] aversão de todas as coisas que não estão sob nosso controle e aplique-o às coisas indesejáveis que estão sob nosso controle. Mas, neste momento, refreie completamente o desejo;

pois, se desejar qualquer uma das coisas que não estão sob nosso controle, necessariamente vai se decepcionar. E ainda não estará certo daquelas que estão sob nosso controle e que, portanto, são objetos legítimos de desejo. Onde for praticamente necessário perseguir ou evitar qualquer coisa, faça-o com discernimento, brandura e moderação.

3

Com relação a quaisquer objetos que deleitem a mente ou tenham utilidade ou sejam ternamente estimados, lembre-se de que natureza são, começando com as mais insignificantes ninharias: se tiver uma caneca favorita, que é apenas uma caneca da qual você gosta, pois, desse modo, caso ela se quebre, você vai suportar; quando abraça seu filho ou sua esposa, que está abraçando uma pessoa mortal e, assim, caso um deles morra, será capaz de suportar.

4

Quando iniciar qualquer ação, recorde-se de qual é a natureza da ação. Se for tomar banho, considere os acontecimentos habituais da sala de banho: algumas pessoas que esparramam água, outras que empurram, outras que reclamam, outras que furtam. E, assim, realizará essa ação com mais segurança se disser a si mesmo: "Agora vou me banhar e manter minha própria vontade em harmonia com a natureza". E, do mesmo modo, com relação a todas as outras ações. Pois assim, caso surja algum impedimento no banho, poderá dizer: "Eu não apenas desejava banhar-me, mas manter minha vontade em harmonia com a natureza; e não a manterei dessa forma se me irritar com as coisas que acontecem".

5

As pessoas se perturbam não por causa das coisas, mas devido às opiniões que têm das coisas. Portanto, a morte não é nada terrível, caso contrário, o teria parecido ser para Sócrates. Mas o terror consiste em nossa opinião da morte, de que é terrível. Quando, portanto, encontramos obstáculos, perturbações ou aflições, nunca o imputemos aos outros, mas a nós mesmos; isto é, aos nossos próprios pontos de vista. É atitude de uma pessoa não instruída censurar os outros pelos próprios infortúnios; de alguém que começou a ser instruir, censurar a si mesmo; e de alguém plenamente instruído, não censurar nem os outros nem a si mesmo.

6

Não exulte com nenhuma excelência que não seja sua própria. Se um cavalo exultasse e declarasse: "Sou belo", isso seria tolerável. Mas quando você exulta e declara: "Tenho um belo cavalo", saiba que está exultante apenas pelo mérito do cavalo. O que então lhe pertence? O uso dos fenômenos da existência. Desse modo, quando estiver em harmonia com a natureza a esse respeito, ficará exultante com alguma razão; pois exultará com algum bem que lhe pertence.

7

Como em uma viagem, quando o navio está ancorado, se for à praia para pegar água, pode se divertir pegando um marisco ou um peixinho pelo caminho, mas seus pensamentos devem estar voltados para o navio e constantemente atentos, para caso o capitão chame, e então deverá largar todas essas coisas, para que não precise ser carregado a bordo do navio, amarrado como uma ovelha; da mesma forma, também na vida, caso, em vez de um peixinho ou marisco, uma esposa ou um filho lhe sejam concedidos, não haverá objeção; porém, se o capitão chamar, corra para o navio, largue todas essas coisas e não olhe para trás. Mas se for velho, jamais se afaste do navio, para que não esteja desaparecido quando for chamado.

8

Não exija que os eventos ocorram como você deseja; mas deseje que ocorram como ocorrem, e você ficará bem.

9

A doença é um obstáculo para o corpo, mas não para a vontade, a menos que ela mesma o queira. Claudicar é um impedimento para a perna, mas não para a vontade; e diga isso para si mesmo em relação a tudo o que lhe acontece. Pois descobrirá que é um impedimento para outra coisa, mas não de fato para você mesmo.

10

A cada acidente, lembre-se de voltar-se para si mesmo e perguntar que habilidade tem para lidar com ele. Se encontrar uma pessoa bonita, o comedimento é a habilidade necessária; caso encontre dor, então, a fortaleza; caso injúria, a paciência. Quando estiver habituado a isso, os fenômenos da existência não o dominarão.

11

Jamais diga sobre nada: "Eu perdi", mas sim, "Eu devolvi". Seu filho morreu? Foi devolvido. Sua esposa morreu? Foi devolvida. Sua propriedade foi tomada? Esta também foi devolvida. "Mas foi um homem mau que roubou." O que lhe importa por quais mãos aquele que a deu a exige de volta? Enquanto permitir que você a possua, considere-a como algo que não lhe pertence, como fazem os viajantes em uma estalagem.

12

Caso deseje ser melhor, deixe de lado raciocínios como estes: "Se eu negligenciar meus negócios, não terei sustento; se não punir meu servo, ele não prestará para nada." Pois seria melhor morrer de fome, sem tristeza e sem medo, do que viver em abundância e em perturbação; e é melhor que seu servo seja mau do que você infeliz.

Comece, portanto, com as pequenas coisas. Um pouco de óleo foi derramado ou um pouco de vinho roubado? Diga a si mesmo: "Este é o preço pago pela paz e tranquilidade; e nada vem de graça." E quando chamar seu servo, considere ser possível que ele não atenda ao seu chamado; ou, se o fizer, que não faça o que você deseja. Mas não é nada desejável para ele, e muito indesejável para você, que ele seja capaz de causar-lhe qualquer perturbação.

13

Caso deseje ser melhor, conforme-se em ser considerado tolo e estúpido em relação às coisas exteriores. Não queira que pensem que você sabe alguma coisa; e embora deva parecer ser alguém para os outros, desconfie de si mesmo. Pois, tenha certeza, não é fácil, ao mesmo tempo, manter sua vontade em harmonia com a natureza e assegurar as coisas exteriores; mas enquanto está absorvido com uma, necessariamente negligencia a outra.

14

Se deseja que seus filhos, sua esposa e seus amigos vivam para sempre, você é um tolo, pois deseja que estejam sob seu controle coisas que não estão e que aquilo que pertence a outros seja seu. Da mesma forma, se deseja que seu servo não cometa erros, você é tolo, pois deseja que os defeitos não sejam defeitos, mas outra coisa. Contudo, se deseja não se decepcionar com os próprios desejos, isso está sob seu controle. Exercite, portanto, o que está sob o seu controle. O mestre de um homem é aquele que é capaz de conceder ou remover o que quer que o homem busque ou evite. Quem quer que deseje ser livre, que não deseje nem recuse nada que depende de outras pessoas; caso contrário, será necessariamente um escravo.

15

Lembre-se de que você deve se comportar como em um banquete. Algo lhe é servido? Estenda a mão e pegue uma quantidade moderada. Passa por você? Não a pare. Ainda não está vindo? Não anseie, mas espere até que chegue a você. Aja da mesma forma com relação a filhos, esposa, cargo, riquezas; e, em algum momento, será digno de festejar com os deuses. E caso nem mesmo aceite as coisas que são postas diante de você, mas for capaz de renunciar a elas, então não apenas será digno de festejar com os deuses, mas também de governar ao lado deles. Pois, agindo assim, Diógenes e Heráclito, e outros como eles, merecidamente se tornaram divinos e foram assim reconhecidos.

16

Quando vir alguém chorando de tristeza, seja porque seu filho viajou para o exterior ou porque sofreu em seus negócios, tome cuidado para não ser sobrepujado pelo aparente mal, mas compreenda e esteja preparado para declarar: "O que machuca este homem não é esta ocorrência em si, pois outro homem pode não ser ferido por ela, mas a opinião que ele escolhe ter sobre ela." No que diz respeito à conversa, porém, não hesite em se solidarizar com ele e, caso necessário, se lamentar com ele. Tome cuidado, no entanto, para não se lamentar interiormente também.

17

Lembre-se de que você é um ator em uma peça teatral do tipo que o autor escolher; se for curto, então é curto; se for longo, então é longo. Se for do agrado dele que você interprete um homem pobre, ou um aleijado, ou um governante, ou um cidadão particular, certifique-se de interpretá-lo bem. Pois este é o seu trabalho: desempenhar bem o papel que lhe é dado; porém, escolhê-lo pertence a outro.

18

Quando um corvo grasnar de forma agourenta, não se deixe levar pelas aparências, mas reflita e diga: "Nada é um presságio para *mim*, seja para meu corpo insignificante, propriedades, reputação, filhos ou esposa. Mas para *mim* todos os presságios são bons se assim eu desejar. Pois aconteça o que acontecer, cabe a mim tirar proveito deles."

19

É possível ser invencível se não entrar em nenhum combate em que a vitória não esteja sob seu controle. Quando, portanto, vir alguém eminente em honras ou poder, ou tido em alta conta por qualquer outro motivo, tome cuidado para não ser enganado pelas aparências e declará-lo feliz; pois, se a essência do bem consiste em coisas sob nosso controle, não haverá espaço para inveja ou imitação. De sua parte, porém, não deseje ser general, nem senador, nem cônsul, mas livre; e o único caminho para alcançar isso é desconsiderar as coisas que não estão sob nosso controle.

20

Lembre-se de que não é aquele que insulta ou bate quem afronta, mas a opinião que considera tais atos um insulto. Portanto, quando alguém provocá-lo, tenha certeza de que é sua própria opinião que lhe provoca. Assim, em primeiro lugar, procure não se deixar confundir pelas aparências. Pois, uma vez que ganhe tempo e trégua, vai se controlar com mais facilidade.

21

Que a morte e o exílio, e todas as outras coisas que parecem terríveis, estejam todos os dias diante de seus olhos, mas sobretudo a morte; e jamais terá um pensamento abjeto, nem cobiçará nada com avidez demais.

22

Se deseja sinceramente a filosofia, prepare-se desde o início para que a multidão ria, escarneça e diga: "De repente ele retornou para nós um filósofo"; e, "De onde vem esse ar arrogante?". Ora, de sua parte, de fato, não tenha um ar arrogante, mas mantenha-se firme naquilo que lhe parece melhor, como alguém designado por Deus para esta posição específica. Pois lembre-se de que, se for persistente, essas mesmas pessoas que a princípio o ridicularizaram depois o admirarão. Contudo, se for derrotado por elas, será duplamente ridicularizado.

23

Caso volte sua atenção para coisas externas, para o prazer de qualquer outra pessoa, tenha certeza de que arruinou sua vida. Contente-se, então, em tudo, em ser um filósofo; e se quiser parecer desse modo para alguém, pareça-o para si mesmo, e isso lhe bastará.

24

Não permita que considerações como estas o aflijam: "Viverei em descrédito e não serei ninguém em lugar algum". Pois, se o descrédito é um mal, não há mais como se envolver com o mal por outro meio além da indignidade. É da sua conta, então, obter poder ou ser recebido em algum evento? De modo algum. Como, afinal de contas, isso seria descrédito? E como pode ser verdade que você não será ninguém em lugar nenhum, quando deve ser alguém apenas nas questões que estão sob seu controle, nas quais pode ter a maior influência? "Mas meus amigos ficarão desamparados." O que quer dizer com "desamparados"? Não receberão dinheiro de você, e você também não os fará cidadãos romanos. Quem, por acaso, lhe disse que essas coisas estão sob nosso controle e não sob o de outros? E quem pode conceder a outro o que ele próprio não possui? "Bem, consiga-as, então, para que possamos também desfrutar de uma parte." Se eu for capaz de obtê-las preservando minha própria honra, fidelidade e autorrespeito, indique-me o caminho e eu as obterei; mas, se exige que eu perca meu próprio bem, para que você possa ganhar o que não é bom, considere quão irracional e tolo é. Além disso, o que prefere: ter uma quantia em dinheiro ou um amigo fiel e honrado? Em vez disso, ajude-me a conquistar esse caráter em vez de exigir que eu faça coisas por meio das quais posso perdê-lo. Bem, mas meu país, diz você, tanto quanto depende de mim, ficará desassistido. Vejamos mais uma vez: que assistência é essa a que se refere? Não terá pórticos nem banhos fornecidos por você? E o que isso importa? Ora, um ferreiro não lhe fornece sapatos, nem um sapateiro, armas. É suficiente que todos realizem plenamente os próprios negócios. E caso você lhe conceda outro cidadão fiel e honrado, não seria útil para ele? Sim. Assim, você mesmo não é inútil para seu país. "Que posição, então," questiona você, "ocuparei no Estado?" Aquela que for capaz de manter preservando sua fidelidade e honra. Mas se, desejando ser útil para aquele, perder estas, como pode servir ao seu país quando se tornou infiel e desavergonhado?

25

Alguém é preferido antes de você em um evento, ou em cortesias, ou em conversas confidenciais? Se estas são coisas boas, deve se alegrar por ele as ter; e, se forem más, não se aflija por não as ter. E lembre-se de que não será possível rivalizar com os outros nas coisas exteriores sem usar os mesmos meios para obtê-las. Pois como é possível que aquele que não vive à porta de outra pessoa, que não a acompanha, não a elogia, receba o mesmo que aquele que faz tais coisas? Você é injusto, então, e irracional caso não esteja disposto a pagar o preço pelo qual essas coisas são vendidas e deseja obtê-las a troco de nada. Quanto custam as alfaces? Um óbolo, por exemplo. Se outro, então, pagando um óbolo, leva as alfaces, e você, sem pagar, fica sem elas, não considere que ele tenha tido qualquer vantagem sobre você. Pois, assim como ele tem as alfaces, você também tem os óbolos que não pagou. Portanto, no presente caso, você não foi convidado para o evento de certa pessoa, porque não pagou a ela o preço pelo qual uma ceia é vendida. É vendida em troca de elogios; é vendida em troca de atenção. Pague-lhe, então, o preço caso lhe seja vantajoso. Contudo, se você ao mesmo tempo deseja não pagar um e ainda receber o outro, é irracional e tolo. Não tem nada, então, no lugar da ceia? Sim, de fato, você tem: não elogiar aquele a quem você não gosta de elogiar; não suportar a insolência de seus lacaios.

26

A vontade da natureza pode ser aprendida a partir de coisas sobre as quais todos concordamos. Como quando o servo de nosso vizinho quebra um copo, ou algo semelhante, estamos dispostos a dizer de imediato: "Acontece"; tenha certeza, do mesmo modo, que, quando seu próprio copo se quebra, você deve ser afetado da mesma maneira que foi quando o copo de outro se quebrou. Agora aplique isso a coisas maiores. O filho ou a esposa de outro morreu? Não há ninguém que não diga: "Isto é um acidente da mortalidade". Mas se morre o próprio filho de alguém, imediatamente diz: "Ai de mim! Quão miserável sou!". Deve-se sempre lembrar como somos afetados ao ouvir a mesma coisa sobre os outros.

27

Da mesma forma que um alvo[1] não é estabelecido para se errar, a natureza do mal também não existe no mundo.

---

[1] A felicidade, o efeito da virtude, é o alvo que Deus estabeleceu para nós atingirmos. Errarmos não é obra Dele; nem propriamente algo real, apenas um mero negativo e falha nossa.

28

Se alguém entregasse o seu corpo a um transeunte, você certamente ficaria furioso. Não sente vergonha, então, por entregar a própria mente a qualquer injuriador, para ficar desconcertada e confusa?

29[2]

Em cada questão, considere o que a precede e o que a sucede e, em seguida, empreenda-a. Caso contrário, você começará com entusiasmo, de fato, despreocupado com as consequências, e, quando estas se desenvolverem, desistirá vergonhosamente. "Desejo vencer nos Jogos Olímpicos." No entanto, considere o que precede e o que sucede, e depois, caso seja vantajoso para você, empreenda a ação. Deve obedecer às regras, submeter-se a uma dieta, abster-se de guloseimas; exercitar seu corpo, quer queira ou não, em horário determinado,

---

[2] O capítulo 15 do terceiro livro dos *Discursos*, que, exceto algumas diferenças muito insignificantes, é igual ao capítulo 29 de *A arte de viver*. (N. E.)

no calor e no frio; não poderá beber água fria e, às vezes, nem vinho; resumindo, deverá se confiar ao seu treinador como a um médico. Em seguida, no combate, corre o risco de ser atirado em uma vala, deslocar o braço, torcer o tornozelo, engolir muita poeira, receber açoites [por negligência] e, no fim das contas, perder a vitória. Quando tiver calculado tudo isso, caso sua inclinação ainda persista, prepare-se para o combate. Caso contrário, preste atenção, vai se comportar como crianças que, às vezes, brincam de lutador, outras vezes, de gladiadores, às vezes tocam uma trombeta e outras vezes encenam uma tragédia, quando acontece de verem e admirarem esses espetáculos. Desse modo, você também será um momento um lutador e em outro um gladiador; ora um filósofo, ora um orador; mas nada com fervor. Tal qual um macaco, você imita tudo o que vê, e uma coisa após a outra decerto o agradará, porém, se tornará desinteressante assim que se tornar familiar. Pois nunca empreendeu nada com consideração; nem após ter pesquisado e testado a questão por completo, mas de forma descuidada e com zelo parcial. Da mesma maneira, alguns, depois que viram um filósofo e ouviram um homem discursar, como Eufrates[3] — embora, de fato, quem é capaz de discursar como ele? —, pensam em ser filósofos também. Reflita primeiro, homem, qual é a questão e o que sua própria natureza é capaz de suportar. Se deseja ser um lutador, considere seus ombros, suas costas, suas coxas; pois pessoas diferentes são feitas para coisas diferentes. Acha que pode agir como age e ser um filósofo, que pode comer, beber, enraivecer-se, descontentar-se, como faz agora? Deve vigiar, deve se esforçar, deve superar certos apetites, deve abandonar seus conhecidos, ser desprezado por seus servos, ser ridicularizado por aqueles que encontrar; receber menos que os outros em tudo: cargos, honrarias, nos tribunais. Quando tiver

---

[3] Eufrates era um filósofo da Síria, cujo caráter é descrito, com os maiores elogios, por Plínio, o Jovem, *Cartas* 1. 10. (N. E.)

considerado todas essas coisas, siga adiante, caso não se importe, isto é, caso, ao separar-se delas, deseje adquirir serenidade, liberdade e tranquilidade. Do contrário, não se aproxime; não seja, como as crianças, agora um filósofo, depois um cobrador de impostos, em seguida um orador e depois ainda um dos oficiais de César. Tais coisas não são consistentes. Você deve ser um homem, bom ou mau. Precisa cultivar a própria razão ou coisas exteriores; aplique-se ou às coisas interiores ou às exteriores a você; isto é, seja um filósofo ou um homem comum.

30

Os deveres são universalmente medidos pelas relações. Determinado homem é seu pai? Nisto está implícito que você deve cuidar dele, submeter-se a ele em todas as coisas, receber pacientemente suas reprimendas, sua correção. Mas ele é um péssimo pai. Você está ligado por natureza, então, a um *bom* pai? Não, mas a um pai. Um irmão é injusto? Bem, preserve sua própria relação justa com ele. Não considere o que *ele* faz, mas o que *você* deve fazer para manter a própria vontade em conformidade com a natureza, pois outro não pode feri-lo a menos que você permita. Será ferido, portanto, quando consentir em ser ferido. Dessa maneira, por consequência, caso se acostume a contemplar as relações de vizinho, cidadão, comandante, poderá deduzir de cada uma os deveres correspondentes.

31

Tenha certeza de que a essência da piedade para com os deuses reside nisto: formar opiniões corretas sobre eles, que eles existem e governam o universo de forma justa e boa. E agarrar-se a esta resolução: obedecê-los e ceder a eles e, voluntariamente, segui-los em todos os acontecimentos, considerando-se governado pela mais perfeita sabedoria. Pois, desse modo, jamais encontrará falhas nos deuses, nem os acusará de negligenciá-lo. E não é possível fazer isso de outra maneira senão afastando-se das coisas que não estão sob nosso controle e fazendo com que o bem ou o mal consistam apenas naquelas que estão. Pois, caso considere que quaisquer outras coisas sejam boas ou más, será inevitável que, quando se decepcionar com o que deseja ou incorrer no que procura evitar, acabe reprovando e culpando seus autores. Pois toda criatura é naturalmente moldada para fugir e abominar o que lhe parece prejudicial e suas causas; e para perseguir e admirar o que lhe parece benéfico e suas causas. Logo, é impraticável que aquele que se considera atacado se regozije com aquele que, segundo pensa, o ataca; assim como é impossível regozijar-se com o próprio sofrimento. Portanto, da mesma forma, um pai é repudiado pelo filho quando não compartilha coisas que parecem boas; e isso tornou Polinices e Etéocles[4] inimigos mútuos — aquele império parecia bom para ambos. Por conta disso, o lavrador repudia os deuses; [e assim o fazem] o marinheiro, o comerciante ou aqueles que perderam esposa ou filho. Pois, onde está o nosso interesse, para lá também volta-se a piedade. De modo que aquele que tem o cuidado de regular seus desejos e aversões

---

[4] Os dois filhos inimigos de Édipo, que se mataram em batalha. (N. E.)

como deve, também se torna cuidadoso com a piedade. Contudo, também cabe a cada um oferecer libações e sacrifícios e as primícias, segundo os costumes de seu país, com pureza e sem descuido, nem negligência; sem avareza e, no entanto, sem extravagância.

32

Quando recorrer à divinação, lembre-se de que não sabe o que acontecerá e vai descobrir com o adivinho; mas a natureza do evento, você sabia antes de ir; ao menos, se tiver uma mente filosófica. Pois, se ele está entre as coisas que não estão sob nosso controle, de modo algum pode ser bom ou mau. Portanto, não traga consigo para o adivinho desejo ou aversão — caso contrário, vai se aproximar dele tremendo — mas, primeiro, compreende com clareza que todo evento é indiferente e sem importância para *você*, de qualquer tipo que seja; pois será possível fazer bom uso dele, e ninguém pode impedir isso. Assim, aproxime-se, confiante, dos deuses como seus conselheiros; e depois, quando qualquer conselho lhe for dado, lembre-se de quais conselheiros adotou e cujo conselho negligenciará caso desobedeça. Busque a divinação conforme Sócrates prescreveu, nos casos em que toda a consideração se relaciona com o evento e nos quais não há nenhuma oportunidade oferecida pela razão ou por qualquer outra arte de se descobrir o assunto em questão. Quando, portanto, é nosso dever compartilhar o perigo de um amigo ou de nosso país, não devemos perguntar ao oráculo se devemos compartilhá-lo com eles ou não. Pois, embora o adivinho avise de que os auspícios são desfavoráveis, isso não significa nada além de um presságio de morte, mutilação ou exílio. No entanto, temos a razão dentro de nós, e ela nos orienta, mesmo com esses perigos, a defender nosso amigo e nosso país. Por isso, dê atenção ao maior dos adivinhos, o Deus Pítio, que expulsou do templo um homem que negligenciou salvar um amigo.[5]

---

[5] Isso se refere a um caso relatado na íntegra por Simplício, em seu comentário sobre esta passagem, de um homem agredido e morto em seu caminho para consultar o oráculo, enquanto seu companheiro que, abandonando-o, refugiou-se no templo até ser expulso pelo deus Apolo. (N. T.)

33

Comece prescrevendo para si mesmo um caráter e comportamento que manterá tanto sozinho quanto acompanhado.

Mantenha-se em silêncio a maior parte do tempo, ou fale somente o que é necessário e com poucas palavras. Podemos, no entanto, com moderação, participar de conversas, às vezes, quando a ocasião exigir; mas não sobre nenhum dos assuntos corriqueiros, como gladiadores, corridas de cavalos, campeões esportivos, comida ou bebida — os tópicos comuns de conversa — e, em especial, não fale sobre pessoas, para culpar, elogiar, ou fazer comparações. Caso seja capaz, então, pela sua própria conversa, encaminhe a de sua companhia para assuntos apropriados; mas, caso se encontre entre estranhos, fique em silêncio.

Não permita que seu riso seja alto, frequente ou abundante.

Evite fazer juramentos, se possível, por completo; de qualquer forma, tanto quanto for capaz.

Evite eventos públicos e vulgares; porém, se alguma ocasião o chamar a eles, mantenha-se atento pela extensão, para que não caia sem notar na vulgaridade. Pois tenha certeza de que, se uma pessoa for pura, ainda assim, caso seu companheiro seja corrupto, aquele que conversa com ele será igualmente corrompido.

Fornecer as coisas relacionadas ao corpo apenas conforme a absoluta necessidade exige, como carne, bebida, roupas, casa, servos. Mas elimine tudo o que for voltado para a exibição e o luxo.

Antes do casamento, proteja-se com todas as suas forças de relações sexuais ilícitas com mulheres; contudo, não seja impiedoso ou severo com aqueles que são levados a isso, nem se gabe com frequência porque você mesmo faz o contrário.

Caso alguém lhe conte que certa pessoa fala mal de você, não dê desculpas sobre o que é dito de si, mas responda: "Ele ignora meus outros defeitos, caso contrário não mencionaria apenas esses".

Não é necessário comparecer com frequência a espetáculos públicos; mas, se alguma vez houver ocasião apropriada para estar lá, não pareça mais solícito por ninguém além de si mesmo; isto é, deseje que as coisas sejam exatamente como são e que apenas o melhor vença; pois assim nada irá contra você. Mas abstenha-se inteiramente de aclamações, de escárnio e de emoções violentas. E, quando partir, não fale muito sobre o que se passou e sobre o que não contribui em nada para seu próprio aperfeiçoamento. Pois pareceria, por tal discurso, que você ficou deslumbrado com o espetáculo.

Não esteja disposto ou preparado para assistir a palestras privadas; mas caso compareça, preserve sua seriedade e dignidade e, ainda assim, evite ser desagradável.

Quando for conversar com alguém e, em particular, com alguém que parece ser seu superior, imagine como Sócrates ou Zenão[6] se comportariam em tal situação, e não ficará sem saber como enfrentar adequadamente o que vier a ocorrer.

Quando for visitar alguém poderoso, considere que poderá não o encontrar em casa, que pode não ser recebido, que as portas podem não lhe ser abertas, que ele pode não o notar. Se, com tudo isso, for seu dever ir, suporte o que acontecer e nunca diga a si mesmo: "Não valeu a pena"; pois isso é vulgar e atitude de um homem perturbado por questões exteriores.

Em público, evite mencionar com frequência e em excesso suas próprias ações e perigos. Pois, por mais agradável que seja para você aludir aos riscos que correu, não é igualmente

---

[6] Referência a Zenão de Cítio (335-263 a.C.), o fundador da escola estoica. (N. E.)

agradável para os outros ouvir suas aventuras. Evite também esforçar-se para provocar o riso, pois isso pode facilmente levá-lo à vulgaridade e, além disso, pode rebaixá-lo na estima de seus conhecidos. Abordar assuntos indecentes é igualmente perigoso. Isso posto, quando algo do tipo ocorrer, aproveite a primeira oportunidade apropriada para repreender aquele que os inicia, ou, ao menos, pelo silêncio e ruborização e uma expressão séria, demonstre estar descontente com tal conversa.

34

Caso fique deslumbrado com a possibilidade de qualquer prazer prometido, guarde-se para que ela não o deixe desnorteado; mas faça com a que a situação ocorra no seu tempo e busque um adiamento. Em seguida, traga à sua mente dois momentos do tempo: aquele em que desfrutará do prazer e aquele em que se arrependerá e se repreenderá depois de desfrutá-lo, e coloque diante de si, em oposição a estes, o quanto se alegrará e se aplaudirá caso se abstiver. E, mesmo que lhe pareça uma gratificação oportuna, tome cuidado para que suas tentações, seus atrativos e suas seduções não lhe subjuguem, mas oponha a isso o quanto é

melhor estar ciente de ter conquistado vitória
tão grandiosa.

35

Quando fizer qualquer coisa partindo de um julgamento claro de que deve ser feita, jamais se esquive de ser visto fazendo-a, mesmo que o mundo não compreenda; pois, se não estiver agindo corretamente, evite a ação em si; caso esteja, por que temer aqueles que o censuram injustamente?

36

Como a proposição "ou é dia ou é noite" tem muita força em um argumento disjuntivo, mas nenhuma em um conjuntivo, assim também, em um banquete, escolher a maior porção é muito adequado ao apetite corporal, porém, totalmente inconsistente com o espírito social do evento. Lembre-se, por isso, quando fizer uma refeição com outra pessoa, não apenas do valor para o corpo das coisas que são dispostas à sua frente, mas também o valor da devida cortesia para com seu anfitrião.

37

Se tiver assumido qualquer caráter além de suas forças, rebaixou-se neste e desistiu de outro que poderia ter desempenhado.

38

Tal como ao caminhar, você toma cuidado para não pisar em um prego ou virar o pé, da mesma forma tome cuidado para não ferir a faculdade governante de sua mente. E se nos precavêssemos disso em todas as ações, agiríamos com maior segurança.

39

O corpo é para todos a medida adequada de suas posses, assim como o pé é a do calçado. Se, desse modo, você se ativer a isso, manterá a medida; mas, caso vá além, vai necessariamente ser levado adiante, como se caísse de um precipício; tal como no caso de um calçado, se for além de sua medida no pé, primeiro será dourado, depois púrpura e em seguida cravejado de joias. Pois, uma vez que se excede a medida adequada de algo, não há limite.

40

Mulheres a partir dos quatorze anos são lisonjeadas por homens com o título de amantes. Portanto, concebendo que são consideradas qualificadas apenas para dar prazer aos homens, elas começam a se adornar e a depositar todas as suas esperanças nisso. Vale a pena, por conseguinte, tentar fazer com que se sintam honradas apenas na medida em que pareçam belas em seu comportamento e virtude modesta.

41

É uma marca de falta de intelecto passar tempo demais em coisas relacionadas ao corpo, sem ter moderação nos exercícios, ao comer e beber e ao desempenhar outras funções animais. Essas coisas devem ser feitas de modo incidental, e a maior parte de nossas forças devem ser dedicadas à nossa razão.

42

Quando alguém lhe fizer mal, ou falar mal de você, lembre-se de que essa pessoa age ou fala com a impressão de que é correto fazê-lo. Bem, não é possível que ela siga o que parece correto a você, mas apenas aquilo que o parece para si mesma. Portanto, caso ela julgue por falsas aparências, ela é a prejudicada, pois também é a pessoa enganada. Pois se alguém toma uma proposição verdadeira como falsa, a proposição não é prejudicada, mas apenas o homem é enganado. Partindo, então, desses princípios, você humildemente suportará alguém que o insulta, pois dirá em todas as ocasiões: "Assim lhe pareceu".

43

Tudo tem duas alças: uma pela qual pode ser sustentada, outra pela qual não pode. Caso seu irmão seja injusto com você, não se agarre ao caso pela alça de sua injustiça, pois por esta não poderá ser sustentado, mas pela oposta: que ele é seu irmão, que cresceu com você; e, dessa forma, você se agarrará ao caso do modo como deve ser levado.

44

Esses raciocínios não têm ligação lógica: "Sou mais rico que você, por isso, sou superior a você". "Sou mais eloquente que você, por isso, sou superior a você." A verdadeira ligação lógica é esta: "Sou mais rico do que você, portanto, minhas posses são maiores que as suas". "Sou mais eloquente que você, portanto, meu estilo é superior ao seu." Mas você, no fim das contas, não consiste nem em propriedade nem em estilo.

45

Alguém se banha se modo apressado? Não diga que o faz mal, mas de modo apressado. Alguém bebe muito vinho? Não diga que ele o faz mal, mas que bebe muito. Pois, a menos que compreenda perfeitamente suas motivações, como saberá se ele está agindo mal? Dessa forma, você não correrá o risco de ceder a quaisquer aparências, mas às que compreende por completo.

46

Jamais se proclame um filósofo, nem fale demais aos ignorantes sobre seus princípios, mas demonstre-os por meio de ações. Assim, em um evento, não declare como as pessoas devem comer, mas coma da maneira que você deve. Pois, lembre-se de que, dessa forma, Sócrates também evitava a todo momento qualquer ostentação. E, quando as pessoas vinham até ele e desejavam que ele lhes apresentasse aos filósofos, ele as levava e as apresentava; tão bem suportava ser menosprezado. Portanto, se alguma vez houver entre os ignorantes qualquer discussão sobre princípios, fique calado a maior parte do tempo. Pois há grande perigo em colocar para fora apressadamente o que não foi digerido. E, se alguém lhe disser que você não sabe nada, e você não se irritar com isso, então pode ter certeza de que realmente começou seu trabalho. Pois as ovelhas não vomitam a grama depressa para mostrar aos pastores o quanto comeram, mas digerindo internamente sua comida, produzem-na externamente em lã e leite. Dessa maneira, portanto, não exiba diante dos ignorantes os seus princípios, mas as ações às quais a digestão deles dá origem.

47

Quando tiver aprendido a nutrir seu corpo frugalmente, não se gabe por isso; nem, caso beba água, declare a todo momento: "Eu bebo água". Mas, primeiro, considere o quanto os pobres são mais frugais do que nós e quão mais pacientes diante das dificuldades. Se a qualquer momento desejar se acostumar pelo exercício ao trabalho e à privação, para seu próprio bem e não para o público, não tente grandes feitos; mas quando estiver com muita sede, apenas molhe a boca com água e não conte a ninguém.

48

A condição e característica de uma pessoa medíocre é que ela jamais busca auxílio ou dano em si, mas apenas em coisas externas. A condição e característica de um filósofo é que ele busca em si todo auxílio ou dano. A marca de uma pessoa competente é que ela não censura ninguém, não elogia ninguém, não culpa ninguém, não acusa ninguém; não fala nada sobre si, sobre ser alguém ou saber qualquer coisa. Quando é impedida ou contida em qualquer instância, acusa a si mesma; e se é elogiada, sorri para si mesma da pessoa que a elogia; e, caso seja censurada, não se defende. Mas prossegue com a cautela de um convalescente, evitando interferir em qualquer coisa que esteja indo bem, mas que ainda não esteja totalmente assegurada. Restringe o desejo; transfere sua aversão apenas para aquelas coisas que impedem o uso apropriado de nossa própria vontade; emprega suas energias moderadamente em todas as direções; se parece estúpida ou ignorante, não se importe; e, em suma, vigia a si mesma como um inimigo e alguém de tocaia.

49

Quando alguém se mostrar vaidoso por ser capaz de compreender e interpretar as obras de Crisipo[7], diga a si mesmo: "A menos que Crisipo tenha escrito de forma obscura, essa pessoa não tem nada de que se orgulhar. Mas o que eu desejo? Entender a natureza e segui-la. Pergunto, então, quem a interpreta e, ouvindo falar o que Crisipo o faz, recorro a ele. Não entendo seus escritos. Procuro, portanto, alguém que *os interprete.*" Até este ponto não há nada pelo que me valorizar. E, quando encontro um

---

[7] Crisipo (c. 280-207 a.C.) foi um filósofo estoico que se tornou líder da Estoa após Cleanto. Suas obras, que se perderam, eram as mais influentes e em geral aceitas como a autoridade na interpretação da filosofia estoica ortodoxa. (N. E.)

intérprete, resta-me fazer uso de suas instruções. Apenas isso tem valor. Mas se admiro apenas a interpretação, o que me torno além de um gramático, em vez de um filósofo, exceto que, de fato, em vez de Homero, eu interpreto Crisipo? Quando alguém, desse modo, deseja que eu leia Crisipo para ele, antes, ruborizo-me quando não for capaz de agir de maneira harmoniosa e consoante com as palavras dele.

50

Quaisquer que sejam as regras que adotou, cumpra-as como se fossem leis e como se fosse uma heresia transgredi-las; e não leve em consideração o que qualquer pessoa fale de você, pois, afinal, não é da sua conta. Quanto tempo, então, demorará para exigir de si mesmo os mais nobres aprimoramentos e, em nenhum caso, transgredir os julgamentos da razão? Você recebeu os princípios filosóficos nos quais deve ser versado; e tornou-se versado neles. Então, que outro mestre está esperando como desculpa para esse atraso na autocorreção? Não é mais criança, mas um adulto. Se, portanto, for negligente e preguiçoso, e sempre acrescentar procrastinação à procrastinação, propósito a propósito e marcar um dia após o outro como aquele no qual cuidará de si mesmo, você continuará insensivelmente a realizar nada e, vivendo e morrendo, permanecerá com mentalidade medíocre. Assim, considere-se agora mesmo digno de viver como uma pessoa adulta e competente. Toma o que lhe parecer ser o melhor como uma lei inviolável. E caso algum momento de dor ou prazer, glória ou desgraça estiver diante de você, lembre-se de que esta é a hora do combate, nesse momento a Olimpíada começa e não pode ser adiada; e que por um fracasso e derrota a honra pode ser perdida ou conquistada. Dessa forma, Sócrates tornou-se perfeito, aperfeiçoando-se em tudo, seguindo apenas a razão. E, embora você ainda não seja um Sócrates, no entanto, deve viver como quem busca ser um Sócrates.

51

O primeiro e mais necessário tópico em filosofia é a aplicação prática de princípios, tais como: "Não devemos mentir". O segundo é o das demonstrações, como: "Por que não devemos mentir"; o terceiro, aquele que dá força e conexão lógica aos outros dois, por exemplo: "Por que isto é uma demonstração". Pois o que é uma demonstração? O que é uma consequência? O que é contradição? O que é verdade? O que é mentira? Portanto, o terceiro ponto é necessário em razão do segundo; e o segundo, por conta do primeiro. Contudo, o mais necessário, e aquele sobre o qual devemos nos demorar, é o primeiro. Mas fazemos exatamente o contrário. Pois gastamos todo o nosso tempo no terceiro ponto e empregamos toda a nossa diligência neste, e negligenciamos inteiramente o primeiro. Portanto, ao mesmo tempo em que mentimos, estamos muito dispostos a mostrar como se demonstra que mentir é errado.

Em todas as ocasiões, devemos ter as seguintes máximas à mão:

Conduza-me, Zeus, e tu, ó Destino,
Para onde seus decretos fixaram minha sorte.
Sigo alegremente; e, caso não o fizesse,
Perverso e miserável, ainda assim devo seguir.[8]

Quem se submete como deve ao Destino é declarado

---

[8] Cleanto, em Diógenes Laércio, também citado por Sêneca, *Epístola* 107. (N. E.)

Sábio entre os homens e conhece as leis celestiais.[9]

E esta terceira:

Ó Críton, se assim agrada aos deuses, que assim seja.[10]

Anito e Meleto podem me matar de fato; mas não podem me causar dano.[11]

---

[9] Eurípides, *Fragmentos*. (N. E.)

[10] Platão, *Críton*, cap. 17. (N. E.)

[11] Platão, *Apologia*, cap. 18. (N. E.)

SIGA NAS REDES SOCIAIS:
@EDITORAEXCELSIOR
@EDITORAEXCELSIOR
@EDEXCELSIOR
@EDITORAEXCELSIOR

EDITORAEXCELSIOR.COM.BR